# Campos de cambio

## Jennifer Degenhardt

### Editor: Ana Andrés del Pozo

### Cover and Interior Artist: Eli Delac

For Aaron and Alex. Thanks for the inspiration.

# ÍNDICE

# AGRADECIMIENTOS

Like so many of my stories, this one was inspired by conversations I had with my friend, Aaron, about how he grew up in Kansas in a place, time and manner so different from how I did. What struck me most about our chats was the focus on community and the people, staple themes for me in my stories. Certainly, this story does not tick off the culture boxes associated with Spanish-speaking regions, but it does inform about life in a small town and on a farm, and bits about agriculture in general. Believing what I do about awareness of how people live in places other than we do, this story was worth telling. Thank you, too, to Aaron's brother, Alex, for allowing me to use him as a character. After all, he IS the guy who works at a grain elevator, which inspired this whole story.

Thanks also go to the fine folks at the Wholly Cow Market for not only having a fun name, but for allowing me to use it in the story. It's a real place with real people who answer emails. Check it out at www.whollycowmarket.com.

The fabulous artwork was created by Eli Delac, a high school student at Centreville High School in Virginia. Eli is a student artist with whom collaborating is so easy. He is highly motivated, organized and seems to know exactly what is needed without too much direction. It is a dream to work with enterprising and ambitious young people. Thank you, Eli!

# Capítulo 1
## Narrador

—Buenos días, Trey —dice su madre—. ¿Cómo estás hoy?

La madre prepara el desayuno para la familia. En diez (10) minutos, ella tiene que salir para ir a su trabajo.

—Buenos días, mamá. Estoy bien. Emocionado —dice Trey.

—¿Estás emocionado porque es el último día de octavo grado? —pregunta la madre.

—No. Estoy emocionado porque las sesiones de verano para el fútbol americano son en nueve (9) días.

—Ah, sí. El fútbol americano...

El padre entra en la cocina. Tiene su casco[1] amarillo en la mano. El casco amarillo es para su trabajo.

—Buenos días, familia. ¿Cómo están ustedes? —dice el padre.

—Papá, las sesiones de verano para el fútbol americano son en nueve días —dice Trey.

—Ah, ¿sí? Muy bien. ¿Estás emocionado por jugar al fútbol americano en la escuela secundaria?

—Sí, claro. Voy a ser el mejor corredor[2] en el equipo. Quiero correr más de cien (100) yardas[3] en un partido; en todos los partidos...

—¿Cien yardas? Son muchas...

La madre tiene dos platos con huevos, frijoles, salsa y tortilla.

---

[1] casco: helmet.
[2] corredor: running back.
[3] 100 yardas: 91, 44 metros.

—Nona, cariño, ¿hay chorizo? —pregunta el padre a la madre.

—Sí, Segundo. Un momento —dice la madre.

—Papá, voy a levantar mucho peso este verano. ¿Sabes? Ciento quince (115), ciento treinta (130)...

—Come, Trey. Tienes que comer mucho más para jugar al fútbol americano en la escuela secundaria.

Trey y su padre, Segundo, comen el desayuno. La madre, Nona, sale para ir al trabajo. En veinte (20) minutos, el padre toma su casco amarillo y sale para ir a su trabajo.

\*\*\*\*\*

Segundo trabaja en un elevador de granos[4] en Wichita. Wichita es la ciudad más grande del estado de Kansas. Y el elevador de granos donde Segundo trabaja es el elevador de granos más grande del mundo.

Normalmente, Segundo trabaja en el silo[5]. Pero esa mañana el jefe lo llama a la oficina.

---

[4] elevador de granos: grain elevator.
[5] silo: a tower used to store grain.

3

—Hola, Segundo —dice Alex—. Gracias por presentarte.

—Claro, Alex. ¿Hay algún problema? ¿Está todo bien? —pregunta Segundo.

—Sí. Siéntate[6], por favor —dice Alex.

Segundo se sienta.

—Segundo, sabes que nuestra compañía quiere comprar otros elevadores de grano más pequeños en el estado —dice Alex.

—Sí. Lo sé. Es una buena idea…

—No es información pública todavía, pero la compañía va a comprar un elevador de grano pequeño en Johnson City —dice Alex.

—OK…

—Y nuestra compañía necesita un jefe[7] nuevo para el nuevo elevador de grano allí.

—OK…

—Eres tú, Segundo. Tú eres el jefe para el nuevo elevador de grano —dice Alex.

---

[6] siéntate: sit down.
[7] jefe: boss.

—¿Yo? ¿Por qué yo? —pregunta Segundo—. Estoy feliz, pero ¿soy la persona perfecta para el puesto?

—Segundo, eres la persona perfecta para el puesto.

# Capítulo 2
## Quinn

—Quinn —dice mi madre—. Es la hora.

Son las seis (6:00) de la mañana. Tengo unos minutos para prepararme. Tengo que hacer mis tareas del hogar[8] antes del desayuno.

«Los animales antes que las personas» dice mi padre siempre.

«Los animales antes que las personas», pienso.

En la cocina, saludo a mi madre:

—Buenos días, mamá.

—Buenos días, Quinn.

No hay mucha conversación.

Tengo que cuidar a los animales.

Tenemos muchos animales. Hay ganado, vacas, ovejas y cabras. Hay gallinas, cerdos, patos, caballos y, claro, gatos y perros. Hay más animales que personas.

Tenemos:

tres (3) caballos

seis (6) perros

siete (7) cabras

ocho (8) gatos: dos (2) gatos de la casa y seis (6) del establo

---

[8] tareas del hogar: household chores.

diez (10) vacas

doce (12) patos

dieciocho (18) cerdos

veinticuatro (24) gallinas

treinta y una (31) ovejas

¿Dónde vivo? y ¿por qué hay muchos animales?

Vivo en Johnson City en el estado de Kansas. Johnson City está en el suroeste del estado. Mi familia tiene presencia en Johnson City desde hace más de ochenta (80) años[9]. Mi familia tiene una granja.

La granja tiene animales y también tiene cultivos[10]. Es una granja de mil ochocientos (1.800) acres[11]. En el condado de Stanton, donde está Johnson City, la granja de mi familia no es muy pequeña, pero tampoco es muy grande.

Llego al establo. Mi padre ya está allí.

—Buenos días, papá.

---

[9] desde hace más de ochenta (80) años: for more than 80 years.
[10] cultivos: crops.
[11] 1.800 acres: 19 hectáres.

—Hola, Quinn. El ganado necesita su comida. Y el domingo, vamos a plantar la segunda cosecha[12] de maíz. ¿Me ayudas?

—Claro, papá.

Mi padre y yo preparamos la comida para todos los animales. Me gusta ver a los animales por las mañanas. Ellos me hacen feliz. Me encanta vivir en la granja.

Cuando terminamos son las seis cuarenta y cinco (6:45) de la mañana. Es hora de comer para las personas.

—Dex y Quinn —dice mi madre—, aquí está su desayuno.

Mi madre tiene dos platos con huevos y panqueques.

—Tressa, ¿hay tocino[13]? —pregunta mi padre a mi madre.

—Sí, Dex. Un momento —dice mi madre—. Aquí está el café.

—Gracias.

---

[12] cosecha: crop.
[13] tocino: bacon.

—Papá, las sesiones de verano para el fútbol americano son en siete días. Una semana. Quiero ir. ¿Es posible?

—Claro, Quinn. Vas a jugar al fútbol americano, ¿no?

—Sí, papá. Estoy superfeliz de jugar —digo.

—Jugar al fútbol americano es fenomenal. Come, Quinn. Tienes que comer mucho más para jugar al fútbol americano en la escuela secundaria.

Mi padre y yo tomamos el desayuno.

—Dex, ¿vas a recibir hoy más información sobre la nueva compañía y el nuevo puesto en tu trabajo? —pregunta mi madre.

—Sí, creo —dice mi padre.

Mi padre trabaja en la granja, sí, pero también trabaja en un elevador de grano en el condado de Stanton. Es un jefe en la compañía.

Mi padre termina el desayuno y toma su casco blanco.

—Hasta luego —dice mi padre.

—Hasta luego —decimos mi madre y yo.

Mi madre me dice:

—Quinn, ¿estás listo? Tenemos que salir en cinco (5) minutos.

Todas las mañanas voy con mi madre a la escuela. Ella trabaja en la escuela donde soy estudiante.

# Capítulo 3
## Trey

—Es todo. Vámonos —dice mi padre.

Mi madre y yo subimos a la camioneta con mi padre. Vamos a la nueva casa en Johnson City.

—Hasta luego, Wichita —dice mi madre—. ¡Una experiencia nueva!

Mi madre está feliz por mi padre. Es una buena oportunidad para él. Va a ser el nuevo jefe del elevador de granos en Johnson City.

Yo no estoy tan feliz. Quiero estar con mis amigos. Quiero entrar en la escuela secundaria con ellos. Quiero jugar al fútbol americano con ellos también. Pero ahora...

—Trey —me dice mi padre—. ¿Vas a jugar al fútbol americano en la escuela?

—Sí...

—¿No estás emocionado? —pregunta mi madre.

—Sí y no. Quiero jugar al fútbol americano con mis amigos, pero ahora...

—Trey, mañana tú y yo vamos a la escuela para saber cuándo empiezan las sesiones de verano —dice mi padre.

—La página web dice que empiezan el lunes, el 4 de junio. En siete días —le digo.

—OK. Pero vamos a la escuela mañana para completar los formularios —dice mi padre.

—Mamá y yo los completamos —digo.

—Er, OK. Trey, esta situación... es difícil para ti. Lo entiendo. Pero...

—... Pero es una buena oportunidad para ti y para la familia. Lo entiendo, papá —digo.

—¿Por qué no buscas más información sobre Johnson City? —dice mi madre.

—Está bien, mamá.

Tengo mi teléfono, subo el volumen de la música y empiezo a buscar más información sobre mi nueva ciudad.

Wichita no es una ciudad muy grande, pero es la ciudad más grande del estado de Kansas. Tiene una población de casi cuatrocientas mil (400.000) personas.

Busco Johnson City en Google Maps. Está directamente al oeste de Wichita. Está en la parte suroeste del estado de Kansas.

—Papá, ¿dónde estamos ahora? —le pregunto.

—Pasamos por Bucklin y vamos a Montezuma.

Busco los dos pueblos en el internet. Bucklin tiene solo setecientas diecinueve (719) personas y Montezuma tiene novecientas cincuenta y una (951). Son pueblos muy pequeños.

Kansas es un estado rural. Estamos en la parte rural... Johnson City tiene que ser más grande. Es una ciudad, ¿no?

Pongo «Johnson City» en el buscador[14].

Johnson City tiene una población de mil cuatrocientos cuarenta (1.440) personas.

—Ay —digo.

—¿Qué pasa, Trey? —pregunta mi madre.

—Mamá, Johnson City no es una ciudad. Es pequeño —digo.

—Va a ser una nueva experiencia para todos nosotros —dice mi padre.

—Sí, una nueva experiencia —dice mi madre.

Estamos en el carro por cuatro horas. Veo mucho y no veo nada.

Lo que veo:

- mucho ganado
- muchas ovejas
- mucho maíz y otros productos agrícolas
- muchas granjas
- muchos molinos de viento[15]

---

[14] buscador: search engine.
[15] molinos de viento: windmill, wind turbine.

Lo que no veo:

- mucha acción

¡Ay!

La experiencia va a ser nueva, pero no va a ser buena.

# Capítulo 4
## Quinn

De repente, oigo la alarma. Son las 5:45...

—¡AY!

Es mi padre. Está en el establo.

Pienso: «Los animales antes que las personas».

Me levanto y me pongo la ropa para hacer las tareas del hogar. En la puerta, veo a mi madre con los huevos para el desayuno. Tiene huevos de gallina y huevos de pato.

—Hola, mamá. ¿Hay algún problema?

—Tu padre está de mal humor, Quinn. Unos coyotes atacaron a los animales anoche.

—Ay, pero ¿por qué grita tan fuerte?

—No sé. Pregúntale.

Llego al establo y saludo a mi padre.

—Buenos días, papá.

—No es un buen día, Quinn —dice mi padre.

Mi padre está muy enojado.

—¿Cuál es el problema? —le pregunto.

—Los coyotes atacaron a los animales y mataron tres gallinas, dos patos y un cabrito.

—Es horrible, papá. Pero es normal para nosotros en la granja —le digo—. ¿Por qué estás más enojado hoy?

—Hablamos luego. El ganado y las vacas necesitan su comida.

—Claro, papá.

Mi padre y yo preparamos la comida para todos los animales. Me gusta ver a los animales por las mañanas. Todos los animales tienen personalidades diferentes. Me hacen feliz. Me encanta vivir en la granja.

Terminamos a las seis cuarenta y cinco (6:45) de la mañana. Entramos en la casa para comer.

—Dex, toma tu café —dice mi madre.

Mi padre se lava las manos y toma el café. Cuando está a la mesa, suspira[16] fuerte.

—Ay, los animales —dice mi padre.

—Papá, es normal en la granja. Los coyotes llegan y atacan a los animales —digo.

—Quinn, tu padre tiene otros problemas también —dice mi madre.

—Tressa, Quinn no tiene que saber de eso... Tiene que concentrarse en el fútbol americano.

—Dex, tu hijo ya tiene catorce (14) años. Tiene que saber de los problemas de la vida —dice mi madre.

—¿Qué pasa, papá? —le pregunto.

Mi padre suspira otra vez.

---

[16] suspira: (he) sighs.

—Quinn, no recibí la promoción en mi trabajo —dice mi padre.

—Lo siento, papá. ¿Sabes por qué?

—El jefe me dice que la nueva compañía quiere uno de sus trabajadores. Un hombre de Wichita tiene el puesto.

—Son malas noticias, papá... —le digo.

—Pero —dice mi madre— estamos felices. Dios nos bendiga[17]. Tu padre tiene trabajo.

—Sí. Tengo trabajo. Y necesito el trabajo para mantener la granja —dice mi padre, suspirando otra vez.

Mi madre nos da la comida y comemos en silencio. Finalmente, mi madre me pregunta sobre mis planes para el día.

—Quinn, ¿estás feliz de empezar las sesiones del verano para el fútbol americano?

—Sí, mamá. Estoy feliz de jugar al fútbol americano en la escuela secundaria...

—... Y de que no hay más clases para el verano —dice mi padre.

---

[17] Dios nos bendiga: God blesses us.

—¡Ja, ja! Tienes razón, papá. Pero también me encanta trabajar en la granja durante el verano.

—A mí también —dice mi padre—. Necesitamos un trabajador más. Si algún amigo necesita un trabajo...

—OK, papá. Voy a preguntar.

Mientras quito los platos de la mesa, mi madre me habla:

—Quinn, voy a lavar los platos. Prepárate para la sesión de fútbol americano.

—Sí, Quinn. Vamos a salir en quince (15) minutos.

—OK. Gracias por el desayuno, mamá. Y papá, lo siento por los animales y tu trabajo.

—Gracias, hijo.

Voy a mi cuarto. Necesito prepararme para la primera sesión de verano.

# Capítulo 5
## Trey

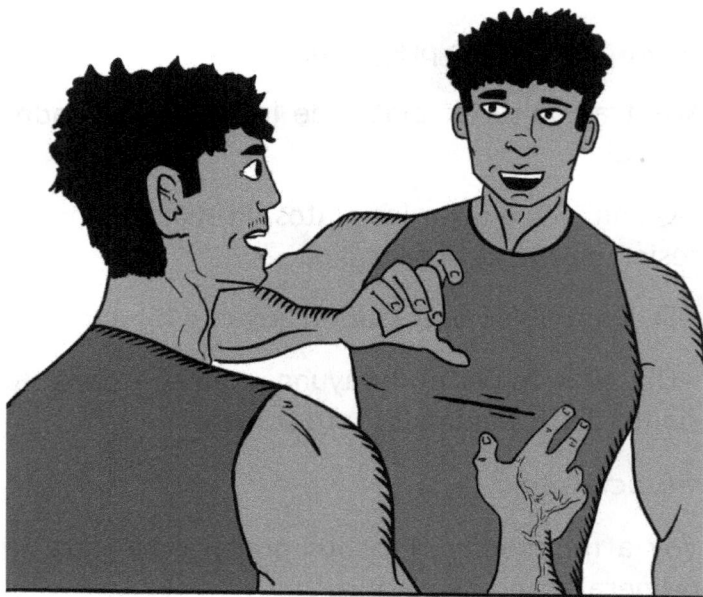

Por fin llega el día.

El día es lunes, el 4 de junio.

Es el primer día de las sesiones de verano para el equipo de fútbol americano.

Mi padre y yo vamos en su camioneta a la escuela. Vamos a la escuela primero y luego mi padre va a su nuevo trabajo.

Son las 6:45 de la mañana.

—Trey, ¿estás emocionado por empezar el fútbol americano?

—Sí y no, papá. Claro que me encanta el deporte...

—Es obvio. ¿Cuántas yardas quieres correr?

—Quiero correr cien yardas cada partido, pero...

—Pero ¿qué? ¿No es posible?

—Es posible, pero ¿qué pasa si no juego bien la posición? ¿Qué pasa si no soy bueno? ¿Qué pasa si...?

—Trey, estás nervioso. Es normal. Vas a poder correr más de cien yardas. Vas a poder correr más de ciento cincuenta (150).

—Gracias, papá.

Llegamos a la escuela después de seis minutos en la camioneta.

—Aquí estamos, Trey. Buena suerte. Pasa buen día.

—Tú también, papá. Buena suerte en el nuevo trabajo.

*****

Hay un grupo de más de veinte chicos cerca del campo de fútbol americano.

—Hola —digo—. ¿Ustedes están aquí para las sesiones de fútbol americano?

Un chico mayor y grande dice:

—Sí. ¿Eres nuevo aquí?

—Sí, mi padre tiene nuevo trabajo aquí en Johnson City —digo.

El segundo chico es similar a mí. Es menor y es menos grande.

—Bienvenido a Johnson City —dice otro chico.

—Gracias —digo.

—¿Cómo te llamas?

—Me llamo Trey. ¿Y tú?

—Soy Quinn. ¿De dónde eres?

—Soy de Wichita —digo.

—Y ¿dónde vives ahora? —pregunta Quinn.

—Rentamos una casa cerca del edificio de 4-H[18]. Y tú ¿dónde vives?

---

[18] edificio de 4-H: 4-H building; a network of youth organizations based in the United States.

—¿Sabes dónde está el aeropuerto municipal? ¿En la ruta 160?

—¡Sí! Yo sé dónde está el aeropuerto.

—¿Conoces la granja Tres Hermanos?

—¡Sí! Hay un letrero[19] grande, ¿no? Es rojo y amarillo.

—Sí. Es la granja de mi familia. Vivo allí.

—Las granjas aquí son muy grandes. ¿Cuántos acres? —digo.

—Sí, son grandes. Nuestra granja es de cuatrocientos cuarenta y cinco (445) acres. ¿No hay granjas en Wichita? —pregunta Quinn.

—Sí hay. Pero hay más aquí. O las granjas son más grandes. O... hay más espacio... —digo.

—La agricultura es importante aquí en esta parte del estado —dice Quinn.

—En Wichita también. Pero no es tan obvio. ¿Conoces Wichita, Quinn?

—No muy bien. Sé que es una ciudad muy grande. ¿Cuántas personas viven allí?

---

[19] letrero: sign.

—Hay casi cuatrocientos mil (400.000) personas, creo —le digo.

—Muchas personas —dice Quinn—. Prefiero el campo.

—A mí me encanta la ciudad. Hay mucho que hacer. Hay mucha acción.

—Hay acción aquí también —dice Quinn—. Es una acción diferente.

—¿Qué haces durante el verano? —le pregunto a Quinn.

—Trabajo —dice Quinn—. Es necesario. Mi familia me necesita.

—¿Dónde trabajas? —pregunto.

—Trabajo en la granja. ¿No tienes trabajo, Trey? —pregunta Quinn.

—No. No tengo trabajo aquí.

—¿Quieres trabajar en nuestra granja? —me pregunta Quinn.

Es imposible responder a la pregunta de Quinn en ese momento. Los entrenadores llegan al campo de fútbol americano y gritan:

—OK, muchachos. Empezamos.

# Capítulo 6
## Quinn

Es miércoles. Son las siete (7:00) de la mañana. Es el primer día que Trey llega a la granja para trabajar con nosotros.

Mi papá y yo estamos en el establo.

—Hola, Trey. Bienvenido a nuestra granja, Tres Hermanos. Te presento a mi padre, Dex Gerard. Mis tíos van a llegar más tarde.

—Hola, Sr. Gerard. Mucho gusto. ¿Usted y sus hermanos son los tres hermanos de la granja?

—Hola, Trey. Mucho gusto. Sí, somos tres hermanos, pero no somos los hermanos originales. Ellos eran[20] mi abuelo y sus hermanos.

—Guau. Es la granja de la familia por mucho tiempo.

—Sí, lo es. ¿Estás listo para trabajar, Trey? —mi padre le pregunta a Trey.

—Sí, señor. Estoy listo. Pero no sé mucho de agricultura.

—Trey, no hay problema. Vamos a darte una formación —le digo a Trey, con una sonrisa.

Mi padre nos explica el trabajo que tenemos que hacer durante la mañana.

—Miren esas tuberías[21]… —dice mi padre.

Trey y yo miramos una pirámide grande de tuberías. Hay más de cien cilindros (o tubos) en la pirámide.

---

[20] eran: (they) were.
[21] tuberías: (irrigation) pipes.

Mi padre habla otra vez:

—Ustedes tienen que poner los tubos en las zanjas[22] que hicimos ayer con el tractor.

—Está bien, papá.

Trey mira la pirámide de tuberías y nos mira otra vez.

—Eh, um… ¿Lo hacemos a mano[23]?

Mi padre y yo nos reímos. Es evidente que Trey es de la ciudad.

—No, amigo, vamos a usar el tractor. Los tubos son de dieciséis (16) pies con un diámetro de diez (10) pulgadas[24] —le digo a Trey.

—Son de plástico, pero pesan mucho: 4,21 libras[25] por pie —dice mi padre.

—Sí, casi setenta (70) libras cada uno. Pesan mucho. Pero también es más eficiente con el tractor.

—Oh, OK —digo.

---

[22] zanjas: trenches.
[23] a mano: by hand.
[24] pulgadas: inches; 1 pie = 30,48 centímetros; 1 pulgada = 2,54 centímetros.
[25] 4,21 libras = 1,9 kilos.

Mi padre nos da más instrucciones y sale para ir a su trabajo en el elevador de grano.

—Vamos, Trey. Vamos a empezar con tu formación agrícola[26].

Subimos al tractor y empezamos el trabajo.

Después de una hora de mover las tuberías bajo el caliente sol, paramos para tomar agua y comer algo. Trey me hace una pregunta:

—Con una granja de más de cuatrocientos (400) acres, ¿por qué ustedes no tienen más tractores?

—Tenemos otro. El otro tractor lo tiene mi tío en su granja esta mañana. Él llega con el tractor luego.

—¿Él no tiene tractor? —me pregunta.

—De ese tipo, no. Trey, compartimos los tractores porque cuestan mucho dinero. Es más económico para nuestra familia.

Miro a mi amigo. Quiere hacerme una pregunta...

—Oh. ¿Cuánto cuesta un tractor? —me pregunta.

—De ese tipo, depende. Un tractor usado cuesta ciento cincuenta mil (150.000) dólares. Los

---

[26] formación agrícola: agricultural training.

nuevos cuestan casi medio millón (500.000) de dólares.

—¡Uf! Es mucho dinero —dice Trey.

—Por eso es más económico para nuestra familia si compartimos los tractores.

Trabajamos unas horas más y terminamos el trabajo antes del almuerzo.

*****

Por fin, es la hora del almuerzo. Mientras Trey y yo caminamos a la casa, oímos una conversación entre mi padre y mi tío en el establo.

—¿Y el trabajo? —pregunta mi tío.

—Es horrible. El nuevo director es de Wichita y es estricto y exigente[27] —dice mi padre.

—Pero es normal en un jefe nuevo, ¿no?

—Sí y no. Es diferente. Debería haber sido mi trabajo[28]. Y ahora no sé si voy a tener un puesto allí en el futuro.

—Hermano, todo va a estar bien. No te preocupes. Vamos a comer.

---

[27] exigente: demanding.
[28] debería haber sido mi trabajo: (it) should have been my job.

¡Ay, no! Mi padre necesita ese trabajo. ¿Qué va a pasar?

# Capítulo 7
## Trey

Es domingo, el día de descanso. Después de ir a la iglesia, mis padres y yo vamos a un restaurante para desayunar. Muchas personas dicen que el almuerzo en Wholly Cow es el mejor.

Mis padres y yo hablamos de las dos semanas de la nueva vida en Johnson City.

—Trey, ¿qué tal las sesiones de fútbol americano? —pregunta mi padre.

A mí me encanta el deporte, pero a mi padre también le gusta.

—Son buenas. Trabajamos mucho. Hacemos muchos ejercicios diferentes —le digo.

—¿Cuántas personas hay en el equipo? —pregunta mi mamá.

—Hay como veinticuatro (24) o veinticinco (25) en total. No son muchas…, por eso tengo mejor chance de tomar la posición de corredor. Quiero correr cien yardas…

—Ya sabemos, Trey —dice mi padre, con una sonrisa.

En ese momento, llega una mesera a la mesa.

—Buenas tardes. Me llamo Candy. ¿Son ustedes la familia que es nueva aquí en Johnson?

Mi madre está sorprendida, pero responde:

—Sí. Me llamo Nona, él es mi hijo, Trey, y él es mi esposo, Segundo. Y ¿cómo sabía usted…?[29]

—Como ustedes ven, Johnson City no es muy grande. La información viaja rápido aquí. El

---

[29] ¿cómo sabía usted?: how did you know?

34

hermano de mi esposo trabaja en el elevador de grano. Es donde trabaja usted, ¿no? — pregunta Candy, mirando a mi padre.

—Sí. Soy el nuevo jefe. Soy de la compañía en Wichita —dice mi padre.

—Ya lo sé. Otra vez, la información viaja rápido en Johnson. ¡Ja, ja!

Candy toma nuestra orden: tres hamburguesas con queso, unas papas fritas y una orden de macarrones con queso.

—Hay que comer bien, Trey. Tienes que ser grande y rápido para jugar al fútbol.

—Papá, con todos los ejercicios que hacemos, y el trabajo en la granja de la familia Gerard, voy a tener que comer mucho. ¡Ja!

—¿Qué hacen ustedes en las sesiones? —pregunta mi madre.

—Corremos, levantamos pesas y hacemos otros ejercicios. Por ejemplo, un día corremos doce minutos, hacemos tres *sets* de quince sentadillas, y levantamos pesas en el gimnasio.

—Y ¿te gusta trabajar con la familia de Quinn? — pregunta mi madre.

Pienso en los tubos de plástico de dieciséis pies con un diámetro de diez pulgadas que pesan casi setenta libras cada uno...

—Sí, me gusta el trabajo, pero...

—¿Qué pasa, Trey? —pregunta mi padre.

—Ayer cuando pasamos el establo oí una conversación entre el padre y el tío de Quinn. Su padre dijo que el nuevo jefe es «estricto» y que no sabe si va a mantener su trabajo por mucho tiempo. ¿Habla de ti, papá? ¿Hay problemas en tu nuevo trabajo?

—No hay problemas en mi trabajo, Trey. Siempre hay dificultades cuando hay algo nuevo —dice mi padre.

—Pero ¿por qué dice el Sr. Gerard que no va a mantener su puesto por mucho tiempo?

—Trey, no te preocupes. Es mi problema. No es un problema para ti.

—Pero, papá, Quinn es mi amigo...

En ese momento, Candy llega a la mesa con las hamburguesas con queso, las papas fritas y los macarrones con queso. ¡Qué bueno!

—Gracias, Candy —dice mi madre.

—De nada. Y Nona, aquí tienes una lista de información necesaria para vivir en Johnson City.

Candy le da a mi madre una lista. Tiene los nombres de negocios locales y donde está el WalMart más cercano.

—Guau. Gracias, Candy. ¿Cómo sabía...? —pregunta mi madre.

—¡Ja, ja! Todas las personas nuevas en Johnson City necesitan esa información.

—Es bueno conocer a la gente local entonces —dice mi madre.

—Cariño, si no conoces a la gente local, no sabes nada —dice Candy, riendo.

Tomamos el desayuno y regresamos a la casa rentada.

Mi padre dice «no te preocupes», pero me preocupo. ¿Voy a tener problemas a causa del trabajo de mi padre?

# Capítulo 8
## Quinn

Es julio, casi agosto. Hace muchísimo calor. El sol es necesario para una granja, pero la lluvia también es necesaria. El condado de Stanton experimenta una sequía severa[30]. No hay lluvia. Es un problema para la granja; y otro problema para mi padre.

Los coyotes llegaron otra vez y mataron cinco gallinas más. Y todavía mi padre tiene problemas en su trabajo.

—Buenos días, papá —le digo, entrando en el establo.

—Hola, Quinn. Tengo otro trabajo para ti y Trey hoy.

—Muy bien, papá. ¿Cuál es?

—Como sabes, ya estamos en sequía. Vamos a poner compost cerca de las plantas para darles más agua.

—¿El compost ayuda? —pregunto a mi padre.

—Sí. El compost atrapa más agua y ayuda a evitar[31] la erosión.

—Entiendo. ¿Dónde vamos a poner el compost primero? ¿En qué parte de la granja?

Mientras mi padre me explica en cuál parte de la granja ponemos el compost, Trey llega al establo.

---

[30] sequía severa: severe drought.
[31] evitar: to avoid.

—Buenos días, Sr. Gerard. Hola, Quinn.

—Hola, Trey —dice mi padre—. ¿Están listos?
Tengo que ir a mi trabajo.

—Sí, papá. Estamos listos. Hasta luego.

Mi padre sale sin decir nada. No está feliz.

No está feliz con los coyotes.

No está feliz con la sequía severa.

No está feliz con su trabajo.

El último es el problema más grande. Mi papá necesita el trabajo en el elevador de granos, pero con el nuevo jefe... no sé qué va a pasar.

*****

El calor es horrible. Insoportable[32]. Trabajamos mucho poniendo el compost cerca de las plantas. Paramos cada treinta (30) minutos para tomar agua.

En un descanso, Trey y yo hablamos de las diferencias entre Wichita y Johnson City.

—Quinn, ¿cuántas personas viven aquí en Johnson City? —me pregunta Trey.

---

[32] insoportable: unbearable.

—En Johnson City, creo que hay mil cuatrocientos cuarenta habitantes (1.400) más o menos. En el condado de Stanton hay dos mil cuarenta y cuatro (2.044).

—Sabes mucha información de aquí. Me impresiona —Trey me dice.

—Trey, como dices, no hay mucha acción aquí, entonces sabemos todo lo que pasa en el pueblo —le digo con una sonrisa.

—Quinn, es una vida completamente diferente aquí. ¿Sabes que la escuela secundaria en Wichita donde iba[33] a estudiar tiene más personas que las que hay en todo el condado de Stanton? —dice Trey.

—¡No me digas![34] ¿Cuántos alumnos hay en esa escuela secundaria? —le pregunto.

—Hay más de dos mil cuatrocientos (2.400). Pero es la escuela secundaria más grande en Wichita.

Tomo más agua y pienso un momento.

—Trey, ¿cuántas escuelas secundarias hay en Wichita?

—No sé. Lo voy a investigar.

---

[33] iba: I was going.
[34] ¡no me digas!: no way! (literally: don't tell me!).

Mientras Trey busca la información en su teléfono, miro por toda la granja. Me encanta donde vivo y me encanta estar en la granja. No me interesa la ciudad.

—Aquí dice que hay catorce escuelas secundarias en la ciudad de Wichita —dice Trey.

—¡Ay! Catorce escuelas secundarias. Aquí solo tenemos dos escuelas en total: la escuela primaria y la secundaria —digo.

—¡Ja, ja! Veo que Johnson City es un poco pequeño. Hay más iglesias que escuelas —dice Trey.

—Las iglesias son importantes aquí, Trey. Son centros de la comunidad. Hay muchas actividades organizadas por las iglesias —le digo a mi amigo.

—Es increíble. Este pueblo es... tan pequeño.

Miro a mi nuevo amigo y pienso: «Si Trey piensa que el pueblo es pequeño, no va a poder creer el tamaño[35] de la escuela secundaria».

—Vamos a terminar de poner el compost —le digo.

---

[35] tamaño: size.

# Capítulo 9
## Trey

Es el quince de agosto, el primer día de la escuela. Hoy voy con mi padre a la escuela.

—Que pases buen día en la escuela —me dice mi padre.

—Gracias, papá. Y tú también en el trabajo —digo.

Mi padre está preocupado. Hay problemas en su nuevo trabajo.

—Gracias, Trey.

*****

Es la hora del almuerzo. Todos los alumnos de séptimo, octavo y noveno grados comen juntos[36]. Veo a Quinn.

—¡Ey, Trey! —me dice—. ¿Qué tal tu primer día de escuela aquí en Johnson City?

—Hola, Quinn. Todo bien. Un poco aburrido —le digo.

—Trey, la escuela ES aburrida. Es...

—No es tan aburrida en Wichita. En Wichita hay muchas más personas. Hay más acción. Más actividad —le digo a Quinn.

—Trey, ya sabes que la vida es diferente aquí —dice Quinn.

—Sí, en Wichita el tiempo pasa más rápido durante el día.

—El tiempo pasa igual aquí en esta parte del estado —dice Quinn—. No tenías un problema con el tiempo durante los meses que trabajábamos...

—Claro que no. Trabajamos mucho y pasó el tiempo rápido. En Wichita...

---

[36] juntos: together.

44

—¡OK! En Wichita hay muchas más personas y hay más acción. Johnson City no es Wichita. ¿Está bien? No puedes comparar el pueblo con la ciudad. Son diferentes —dice Quinn.

—Son diferentes, pero la ciudad es mejor —digo.

# Capítulo 10
## Quinn

En el almuerzo Trey menciona Wichita muchas veces. Muchas.

«¡Espera!», pienso en ese momento. Trey llegó a Johnson City justo en el momento que mi padre supo que no recibió el nuevo puesto. ¡El padre de Trey tiene que ser el nuevo jefe en el elevador de grano!

—¡Es tu padre! —grito—. Es tu padre.

Trey me mira sin expresión.

—¡Es TU padre el que causa problemas a mi familia! —grito otra vez.

Trey no reacciona, pero todos los otros estudiantes nos miran con curiosidad.

—¡Te voy a dar[37] durante el entrenamiento de fútbol americano esta tarde! Cuidado, amigo. Cuidado.

---

[37] te voy a dar: I'm going to give it to you.

# Capítulo 11
## Trey

Llega la hora del entrenamiento de fútbol americano después de la escuela. Me preparo y preparo mi equipo personal. Pienso en la conversación que pasó entre Quinn y yo durante el día:

«¡Es tu padre! —gritó—. Es tu padre».

Yo lo miré sin expresión.

«¡Es TU padre el que causa problemas a mi familia! —gritó otra vez».

Yo no reaccioné, pero todos los otros estudiantes nos miraron con curiosidad.

Directamente después, Quinn fue a su próxima clase y no hablamos de la situación.

Quinn se prepara para el entrenamiento y prepara su equipo también.

—Quinn —le digo.

—No me hables. Tu padre tomó el puesto de jefe de mi padre. Es intolerable.

—Quinn, yo no sabía... —digo—. Mi padre no sabía tampoco.

—¿Tú dices que quieres ser el corredor del equipo? Esa posición no va a ser tuya[38] —dice Quinn.

Otra vez, no reacciono. No sé qué decir.

*****

---

[38] tuya: yours.

El entrenamiento esa tarde es brutal. La temperatura es más de 90 grados Fahrenheit[39] con mucha humedad.

Es también brutal porque cuando Quinn juega la defensa me taclea[40] en cada *down*.

Una vez, tengo la pelota y corro a la zona de anotación[41] cuando Quinn me taclea, pero fuerte.

—Hombre —le digo—. ¿Por qué me tacleas tan fuerte?

—La posición no va a ser tuya —me dice Quinn, obviamente enojado todavía.

De repente[42], oímos las sirenas y las bocinas[43] fuertes de los vehículos de emergencia del condado de Stanton.

—No es normal oír mucha bulla[44] de esos vehículos —un chico dice.

Quinn dice:

—Van en dirección del elevador de granos. ¿Qué está pasando?

---

[39] 90 grados Fahrenheit: 32,22 grados Celsius.
[40] me taclea: he tackles me.
[41] la zona de anotación: end zone.
[42] de repente: suddenly.
[43] bocinas: horns.
[44] bulla: racket, commotion.

—Debe ser un incendio[45] —dice un chico—. Solo salen los camiones de bomberos[46] cuando hay la posibilidad de un incendio.

En ese instante, los entrenadores dicen:

—Muchachos, terminamos por hoy. Recibimos noticias de que necesitan a todos los bomberos voluntarios en e sitio del elevador de granos. Hay un incendio grande.

Los jugadores que también son bomberos voluntarios corren a la escuela para prepararse.

Quinn también corre a la escuela.

—Trey, vamos. Tenemos que ir al elevador de granos. Esta situación no es normal.

Corremos juntos y subimos a una camioneta de otro jugador mayor. Quinn está preocupado.

No sé qué pasa.

---

[45] incendio: fire.
[46] los camiones de bomberos: fire trucks.

# Capítulo 12
## Narrador

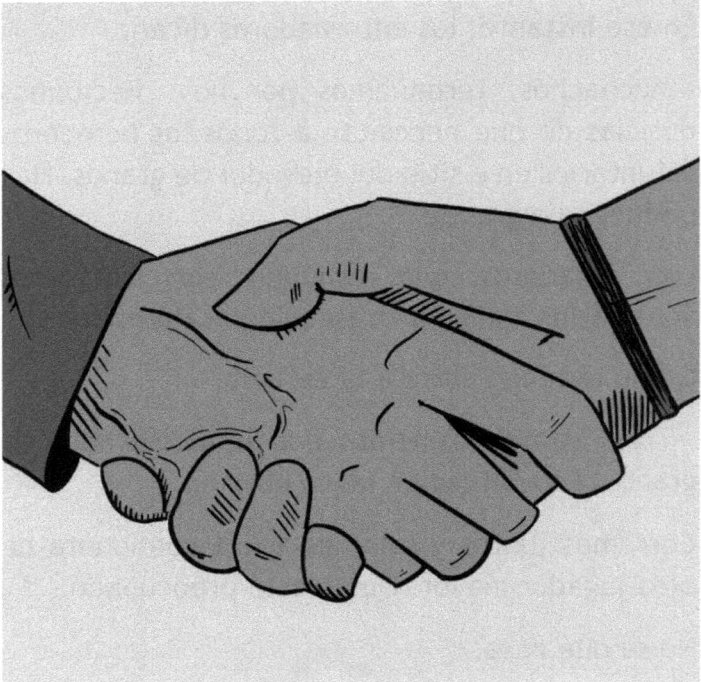

Son las cinco y media (5:30) de la tarde. Segundo y Nona están con Dex y Tressa en el restaurante Wholly Cow para comer antes del partido.

Es un viernes, dos semanas después del incendio en el elevador de granos. Es también el primer partido para el equipo de fútbol americano. Trey y Quinn van a jugar con su equipo contra Elkhart.

Hay un periódico cerca de la puerta:

## Incendio en el elevador de granos: pocas heridos[47] gracias a las acciones de los trabajadores

El artículo continúa y explica que no había mucho daño a la estructura ni a las máquinas gracias a las rápidas acciones de los trabajadores.

Las dos parejas[48] se sientan a una mesa.

—Segundo, ¿cómo está tu brazo? —pregunta Dex.

—Está mejor. Gracias —dice Segundo.

—Ese día hubo una tormenta[49] perfecta: el polvo del grano[50], el calor y los hombres trabajando en la máquina. Qué suerte... —dice Dex—. Qué suerte que no hubo una explosión.

—Yo tuve suerte también —dice Segundo.

—¿Qué dices? —pregunta Dex.

—Tengo suerte porque tú sabías dónde estaban[51] los extintores de incendios[52] y me pudiste ayudar a escapar[53].

---

[47] heridos: injuries.
[48] parejas: couples.
[49] tormenta: storm.
[50] polvo del grano: grain dust.
[51] estaban: (they) were.
[52] extintores de incendios: fire extinguishers.
[53] me pudiste ayudar a escapar: you helped me escape.

—Claro, Segundo. Es lo que hacemos en el trabajo, nos ayudamos.

—Es evidente —dice Segundo—. Es evidente que todos ustedes se ayudan unos a otros. Eres buen jefe, Dex.

—Eres buen jefe también, Segundo. Estoy feliz porque eres mi jefe —dice Dex.

Nona mira a su esposo y le pregunta:

—Segundo, ¿vas a decirle ahora?

—¿Decirle qué? —pregunta Tressa.

Segundo y Nona se sonríen.

—¿Decirme qué? —dice Dex—. ¿Es sobre el trabajo?

Finalmente, Segundo mira a Dex y le dice:

—Estoy aquí en Johnson City para conocer mejor cómo son las operaciones en el elevador de granos. Antes de seleccionar un nuevo jefe querían[54] más información.

Tressa y Dex están muy nerviosos. Ellos saben que los dos necesitan sus trabajos fuera de la granja para tener el dinero necesario para operarla.

---

[54] querían: they wanted.

Segundo continúa:

—Me dijeron «Segundo, evalúa la operación para determinar el tipo de persona necesaria para ser jefe en el futuro».

—OK, ¿y...? —dice Dex.

—Y estoy superfeliz de decirte... —dice Segundo.

Tressa no puede esperar más:

—Segundo, ¿qué nos dices?

—Les digo que este elevador de granos no necesita a una persona nueva para hacer el trabajo porque ya la tiene. Eres tú, Dex. Eres tú.

—Guau, Segundo. No sé qué decir —dice Dex.

—No hay que decir nada. El puesto era[55] tuyo siempre. Los jefes en Wichita van a estar muy felices con el nuevo director del elevador de grano —dice Segundo.

Tressa le pregunta a Nona:

—¿Van a tener que regresar a Wichita inmediatamente?

Nona dice:

---

[55] era: (it) was.

—No. Inmediatamente, no. Trey tiene que terminar el año escolar primero.

—Qué bien. Hay más tiempo para divertirnos —dice Tressa.

—Y si Trey quiere un trabajo el próximo verano, puede trabajar con nosotros otra vez —dice Dex—. Trabaja muy bien.

*****

—Ey, Trey. ¿Estás listo para jugar? —pregunta Quinn.

—Sí.

—Pero ¿prefieres jugar tu primer partido de fútbol americano con tus amigos de Wichita?

—Sí. ¿Cómo lo sabías? —pregunta Trey.

—Ya no mencionas mucho Wichita —dice Quinn.

—Me di cuenta[56] de que tenías razón. Yo mencionaba[57] mucho Wichita. Pero no vivo en la ciudad. Vivo aquí.

—Sabes que los estudiantes de la clase de videotecnología siempre toman videos de los

---

[56] me di cuenta: I realized.
[57] mencionaba: I mentioned.

partidos y los suben a YouTube, ¿no? —pregunta Quinn.

—No, no sabía. ¿Y...?

—Y..., yo sé que no estamos en Wichita, pero el fútbol americano es el fútbol americano. Puedes darles el enlace[58] del partido a tus amigos. Podemos verlo juntos: todos tus amigos de Wichita y todos tus amigos aquí. ¿Qué piensas?

—Gracias, Quinn. Es una buena idea —dice Trey.

—Pero primero tenemos que ganar —dice Quinn.

—¡Al ataque contra los Wildcats! ¡Vamos Trojans!

—¡Vamos, Trojans!

---

[58] enlace: hyperlink.

# GLOSARIO

Las traducciones en este glosario son específicas del contexto en el que se usan en este libro.[59]

## A

**a** - to, at
**abuelo** - grandfather
**aburrida/o** - bored
**acción** - action
**acciones** - actions
**acres** - acres
**actividad(es) -** activity(ies)
**aeropuerto** - airport
**agosto** - August
**agrícola(s) -** agricultural
**agricultura -** agriculture
**agua** - water
**ah** - ah
**ahora** - now
**al** - to/at the
**alarma** - alarm
**algo** - something
**algún** - some
**allí** - there
**almuerzo** - lunch
**alumnos** - students

**amarillo** – yellow
**amigo(s)** - friend(s)
**animales** - animals
**año(s)** - year(s)
**anoche** - last night
**antes** - before
**aquí** - here
**artículo** - article
**atacan** - they attack
**atacaron** - they attacked
**ataque** - attack
**atrapa** - it traps
**ay** - oh!
**ayer** - yesterday
**ayuda** - s/he helps
**ayudamos** - we help
**ayudan** - they help
**ayudar** - to help
**ayudas** - you help

## B

**bajo** - under
**bendiga** - he blesses
**bien** - well

---

[59] The translations provided are specific to the context in which they are used in this book.

**bienvenido -** welcome
**blanco -** white
**bocinas -** horns
**bomberos -** firefighters
**brazo -** arm
**brutal -** brutal
**buen/a/o(s) -** good
**bulla -** racket, commotion
**busca -** s/he looks for
**buscador -** search engine
**buscar -** to look for
**buscas -** you look for
**busco -** I look for

## C

**caballos -** horses
**cabras -** goats
**cabrito -** baby goat
**cada -** each
**café -** coffee
**caliente -** hot
**calor -** heat
**caminamos -** we walk
**camiones de bomberos -** fire trucks
**camioneta -** pickup truck
**campo -** country

**cariño -** love (term of endearment)
**carro -** car
**casa -** house
**casco -** helmet
**casi -** almost
**catorce -** fourteen
**causa -** he causes
**(a) causa (de) -** because of
**centros -** centers
**cerca -** near
**cercano -** close
**cerdos -** pigs
**chance -** chance
**chico(s) -** boy(s)
**chorizo -** sausage
**cien -** one hundred
**ciento (treinta) -** one hundred (thirty)
**cilindros -** cylinders
**cinco -** five
**cincuenta -** fifty
**ciudad -** city
**claro -** of course
**clase(s) -** class(es)
**cocina -** kitchen
**come -** s/he eats
**comemos -** we eat
**comen -** they eat
**comer -** to eat
**comida -** food

**como** - like, as
**cómo** - how
**comparar** - to compare
**compartimos** - we share
**compañía** - company
**completamente** - completely
**completamos** - we complete
**completar** - to complete
**compost** - compost
**comprar** - to buy
**comunidad** - community
**con** - with
**concentrarse** - to concentrate
**condado** - county
**conocer** - to know
**conoces** - you know
**continúa** - s/he/it continues
**contra** - against
**conversación** - conversation
**corre** - he runs
**corredor** - running back
**corremos** - we run
**corren** - they run
**correr** - to run

**corro** - I run
**cosecha** - harvest
**coyotes** - coyotes
**creer** - to believe
**creo** - I believe
**cuál** - which
**cuando** - when
**cuándo** - when
**cuánta/o(s)** - how many
**cuarenta** - forty
**cuarto** - room
**cuatro** - four
**cuatrocienta/o(s)** - four hundred
**(me di) cuenta** - I realized
**cuesta** - it costs
**cuestan** - they cost
**cuidado** - careful
**cuidar** - to take care of
**cultivos** - crops
**curiosidad** - curiosity

# D

**da** - s/he, it gives
**dar/les/te** - to give/to them/to you
**daño** - damage
**de** - of, from
**debe** - s/he must
**debería** - s/he should
**decimos** - we say, tell

**decir/le/me/te** - to tell/him/me/ you

**defensa** - defense

**del** - of/from the

**depende** - it depends

**deporte** - sport

**desayunar** - to eat breakfast

**desayuno** - breakfast

**descanso** - rest, free time

**desde** - from, since

**después** - after

**determinar** - to determine

**di** - I gave

**diámetro** - diameter

**día(s)** - day(s)

**dice** - s/he says

**dicen** - they say

**dices** - you say

**diecinueve** - nineteen

**dieciocho** - eighteen

**dieciséis** - sixteen

**diez** - ten

**diferencias** - differences

**diferente(s)** - different

**difícil** - difficult

**dificultades** - difficulties

**digas** - you say

**(no me) digas** - don't tell me

**digo** - I say

**dijeron** - they said

**dijo** - he said

**dinero** - money

**dios** - god

**dirección** - direction

**directamente** - directly

**director** - director

**divertirnos** - to have fun

**doce** - twelve

**dólares** - dollars

**domingo** - Sunday

**donde** - where

**dónde** - where

**dos** - two

*down* - football down; one of the four attempts to offensively move the football down the field

**durante** - during

# E

**económico** - economical

**edificio** - building

**eficiente** - efficient

**ejemplo** - example

**ejercicios** - exercises

**el** - the
**él** - he
**elevador(es) (de grano)** – (grain) elevator(s)
**ella** - she
**ellos** - they
**emergencia** - emergency
**emocionado** - excited
**empezamos** - we begin
**empezar** - to begin
**empiezan** - they begin
**empiezo** - I begin
**en** - in/on
**encanta** - it is very pleasing to
**enlace** - hyperlink
**enojado** – angry
**entiendo** - I understand
**entonces** - then
**entra** - he enters
**entramos** - we enter
**entrando** - entering
**entrar** - to enter
**entre** - between
**entrenadores** - coaches
**entrenamiento** - training, practice

**equipo** – team
**er** - um
**era** - it was
**eran** - they were
**eres** - you are
**erosión** - erosión
**es** - s/he, it is
**esa/e/o** - that
**esas/os** - those
**escapar** - to escape
**escolar** - (related to) school
**escuela(s)** - school(s)
**espacio** - space
**espera** - wait
**esperar** - to wait
**esposo** - husband
**esta/e** - this
**está** - s/he, it is
**estaban** - they were
**establo** - stable, barn
**estado** - state
**estamos** - we are
**están** - they are
**estar** - to be
**estás** - you are
**estoy** - I am
**estricto** - strict
**estructura** - structure
**estudiante(s)** - student(s)
**estudiar** - to study
**evalúa** - evaluate

evidente - evident
evitar - to avoid
exigente - demanding
experiencia - experience
experimenta - he experiences
explica - he, it explains
explosión - explosion
expresión - expression
extintores de incendios - fire extinguishers
ey - hey

# F

Fahrenheit - temperature scale
familia - family
(por) favor - please
felices - happy
feliz - happy
fenomenal - phenomenal
(por) fin - finally
finalmente - finally
formación agrícola - agricultural training
formularios - forms

frijoles - beans
fue - he went
fuera - outside
fuerte(s) - strong
fútbol americano - football
futuro - future

# G

gallina(s) - hen(s)
ganado - livestock
ganar - to win
gatos - cats
gente - people
gimnasio - gym
gracias - thank you
grado(s) - grade(s)
grande(s) - big
granja(s) - farm(s)
grano(s) - grain
grita - he yells
gritan - they yell
grito - I yell
gritó - he yelled
grupo - group
guau - wow
gusta - it is pleasing to
(mucho) gusto - nice to meet you

## H

**haber** - to have
**habitantes** - inhabitants
**habla** - s/he speaks
**hablamos** - we speak
**hables** - you speak
**había** - there was
**(me) hace (una pregunta)** - he asks (me a question)
**hace (muchísimo) calor** - it's hot
**hacemos** - we do
**hacen** - they do
**hacer** - to do, make
**hacerme una pregunta** - to ask me a question
**haces** - you do
**hamburguesas** - hamburgers
**hasta** - until
**hay** - there is, there are
**heridos** - injuries
**hermano(s)** - brother(s)
**hicimos** - we did
**hijo** - son
**hogar** - home

**hola** - hello
**hombre** - man
**hombres** - men
**hora(s)** - hour(s)
**horrible** - horrible
**hoy** - today
**hubo** - there was, there were
**huevos** - eggs
**humedad** - humidity
**(mal) humor** - bad mood

## I

**iba** - I was going
**idea** - idea
**iglesia(s)** - church(es)
**igual** – equal
**importante(s)** - important
**imposible** - impossible
**impresiona** - it impresses
**incendio(s)** - fire(s)
**increíble** - incredible
**información** - information
**inmediatamente** - immediately
**insoportable** - unbearable

**instante** - instant
**instrucciones** -
   instructions
**interesa** - it interests
**internet** - internet
**intolerable** -
   unbearable
**investigar** - to
   investigate
**ir** - to go

## J

**ja, ja** - ha, ha
**jefe(s)** - boss(es)
**juega** - he plays
**juego** - I play
**jugador(es)** -
   player(s)
**jugar** - to play
**julio** - July
**junio** - June
**juntos** - together
**justo** - just

## K

**Kansas** - a state in
   the Midwest USA

## L

**la** - the, her
**las** - the, them
**lava** - s/he washes
**lavar** - to wash

**le** - to him/her
**les** - to them
**letrero** - sign
**levantamos** - we lift
**levantar** - to lift
**levanto** - I lift
**libras** - pounds
**lista** - list
**listo(s)** - ready
**llama** - s/he, it calls
**llamas** - you call
**llamo** - I call
**llega** - s/he arrives
**llegamos** - we arrive
**llegan** - they arrive
**llegar** - to arrive
**llegaron** - they
   arrived
**llego** - I arrive
**llegó** - he arrived
**lluvia** - rain
**lo** - it, him
**local(es)** - local
**los** - the, them
**luego** - later
**lunes** - Monday

## M

**macarrones** -
   macaroni
**madre** - mother
**maíz** - corn
**mal** - bad

malas - bad
mamá - mom
mano(s) - hand(s)
(a) mano - by hand
mantener - to
    maintain
mataron - they killed
mayor - older
mañana(s) -
    tomorrow,
    morning(s)
máquina(s) -
    machine(s)
más – more
me - me, to/for me
media - on the half
    hour
medio - half
mejor - better
menciona - he
    mentions
mencionaba - I
    mentioned
mencionas - you
    mention
menor - younger
menos - less
mesa - table
mesera - waitress
meses - months
mi(s) - my
mí - me
mientras - while

miércoles -
    Wednesday
mil - thousand
millón - million
minutos - minutes
mira - s/he watches
miramos - we watch
miran - they watch
mirando - watching
miraron - they
    watched
miré - I watched
miren - they watch
miro - I watch
molinos de viento -
    windmills
momento - moment
Montezuma - small
    town in Kansas
mover - to move
mucha/o(s) - much,
    a lot
muchachos - guys
muchísimo - a lot
mundo - world
municipal - municipal
música - music
muy - very

# N
nada - nothing
narrador - narrator

necesaria/o - necessary
necesita - s/he, it needs
necesitamos - we need
necesitan - they need
necesito - I need
negocios - businesses
nervioso(s) - nervous
ni - neither, nor
no - no
nombres - names
normal - normal
normalmente - normally
nos - us, to/for us
nosotros - we
noticias - news
novecientas - nine hundred
novena - ninth
nuestra - our
nueva/o(s) - new
nueve - nine

# O
o - or
obviamente - obviously
obvio - obvious

ochenta - eighty
ocho - eight
ochocientos - eight hundred
octavo - eighth
oeste - west
oficina - office
oh - oh
oí - I heard
oigo - I hear
oímos - we heard
oír - to hear
OK – OK
operaciones - operations
operación - operation
operarla - to operate it
oportunidad - opportunity
orden - order
organizadas - organized
originales - original
otra/o(s) - other
ovejas - sheep

# P
padre - father
padres - parents
página web - web page

panqueques - pancakes
papas fritas - French fries
papá - dad
para - for
paramos - we stop
parejas - couples
parte - part
partido(s) - game(s)
pasa - it happens
pasa buen día - have a good day
pasamos - we pass
pasando - passing
pasar - to happen
(que) pases buen día - have a good day
pasó - (it) happened, occurred, passed
pato(s) - duck(s)
pelota - ball
pequeña/o(s) - small
perfecta - perfect
periódico - newspaper
pero - but
perros - dogs
persona(s) - person(s)
personal - personal
personalidades - personalities
pesan - they weigh

pesas - weights
peso - weight
pie - foot
piensa - s/he thinks
piensas - you think
pienso - I think
pies - feet
pirámide - pyramid
planes - plans
plantar - to plant
plantas - plants
platos - plates
plástico - plastic
población - population
poca/o(s) - few
podemos - we can
poder - to be able
polvo de grano - grain dust
ponemos - we put
poner - to put
pongo - I put
poniendo - putting
por - for
porque - because
posibilidad - possibility
posible - possible
posición - position
prefieres - you prefer
prefiero - I prefer
pregunta - s/he asks
pregúntale - ask him

preguntar - to ask
pregunto - I ask
preocupado - worried
preocupes - you worry
preocupo - I worry
prepara - s/he prepares
preparamos - we prepare
prepararme/te - to prepare me/you
prepararse - to prepare himself
prepárate - prepare
preparo - I prepare
presencia - presence
presento - I present
(la escuela) primaria - elementary school
primer(a/o) - first
problema(s) - problem(s)
productos - products
promoción - promotion
próxima/o - next
pública - public
(me) pudiste ayudar a escapar - you helped me escape
pueblo(s) - town(s)
puede - s/he can

puedes - you can
puerta - door
puesto - job, position
pulgadas - inches

# Q

que - that
qué - what
querían - they wanted
queso - cheese
quiere - s/he, it wants
quieres - you want
quiero - I want
quince - fifteen
quito - I remove

# R

rápida/o(s) - fast
(tener) razón - to be right
reacciona - he reacts
reaccioné - I reacted
reacciono - I react
recibí - I received
recibimos - we received
recibió - s/he received
recibir - to receive
regresamos - we return
regresar - to return

reímos - we laugh
rentada - rented
rentamos - we rent
(de) repente - suddenly
responde - he responds
responder - to respond
restaurante - restaurant
riendo - laughing
rojo - red
ropa - clothing
rural - rural
ruta - route

# S
sabe - s/he knows
sabemos - we know
saben - they know
saber - to know
sabes - you know
sabía - s/he, you (formal) knew
sabías - you knew
sale - s/he leaves
salen - they leave
salir - to leave
salsa - salsa
saludo - I greet
se - her/himself
sé - I know

(escuela) secundaria - high school
segunda - second
seis - six
seleccionar - to select
semana(s) - week(s)
señor - sir, mister
sentadillas - squats
séptimo - seventh
sequía - drought
ser - to be
sesión - session
sesiones - sessions
setecientas - seven hundred
setenta - seventy
*sets* - sets
severa - severe
si - if
sí - yes
sido - been
siempre - always
sienta - s/he sits
siéntate - sit down
sientan - they sit
(lo) siento - I'm sorry
siete - seven
silencio - silence
silo - silo; grain storage area
similar - similar
sin - without
sirenas - sirens
sitio - site

situación - situation
sobre - about
sol - sun
solo - only
somos - we are
son - they are
sonríen - they smile
sonrisa - smile
sorprendida - surprised
soy - I am
Sr. - abbreviation for «señor»
su(s) - his, her, their
suben - they upload
subimos - we get in
subo - I turn up
suerte - luck
superfeliz - super happy
supo - he found out
suroeste - southwest
suspire - s/he sighs
suspirando - sighing

# T

taclea - he tackles
tacleas - you tackle
(¿qué) tal - how is
tamaño - size
también - also
tampoco - neither
tan - so

tarde - afternoon
tareas del hogar - household chores
te - you, to/for you
teléfono - telephone
temperatura - temperature
tenemos - we have
tener - to have
tengo - I have
tenías - you had
termina - he finishes
terminamos - we finish
terminar - to finish
ti - you
tiempo - time
tiene - s/he, it has
tienen - they have
tienes - you have
tío(s) - uncles
tipo - type
tocino - bacon
toda/o(s) - all
todavía - still, yet
toma - s/he, it takes
tomamos - we take
toman - they take
tomar - to take
tomo - I take
tomó - s/he took
tormenta - storm
tortilla - tortilla

total - total
trabaja - s/he works
trabajábamos - we
  worked
trabajador(es) -
  worker(s)
trabajamos - we
  work
trabajando - working
trabajar - to work
trabajas - you work
trabajo(s) - job(s)
tractor(es) -
  tractor(s)
treinta - thirty
tres - three
Trojans - mascot of
  the school in the
  story
tu(s) - your
tú - you (familiar)
tuberías - irrigation
  pipes
tubos - tubes
tuve - I had
tuya/o - your

# U
uf - ooh
último - last
um - um
un/una - a, an
unas/unos - some

uno - one
usado - used
usar - to use
usted - you (formal)
ustedes - you (plural)

# V
va - s/he, it goes
vacas - cows
vamos - we go
vámonos - let's go
van - they go
vas - you go
veces - times,
  instances
vehículos - vehicles
veinte - twenty
veinticinco - twenty-
  five
veinticuatro -
  twenty-four
ven - come
veo - I see
ver(lo) - to see(it)mi
verano - summer
vez - time, instance
viaja - s/he travels
vida - life
videos - videos
videotecnología -
  videotechnology
viento - wind
viernes - Friday

viven - they live
vives - you live
vivir - to live
vivo - I live
volumen - volume
voluntarios -
  volunteers

voy - I go

# Z

zona de anotación -
  end zone

# ABOUT THE AUTHOR

Jennifer Degenhardt taught high school Spanish for over 20 years and now teaches at the college level. At the time she realized her own high school students, many of whom had learning challenges, acquired language best through stories, so she began to write ones that she thought would appeal to them. She has been writing ever since.

Other titles by Jen Degenhardt:

*Sancho en San Juan*
*Los chicos: Matías y Brayan* | <u>The Boys: Matías and Brayan</u>
*La chica nueva* | *La Nouvelle Fille* | <u>The New Girl</u> | *Das Neue Mädchen* | *La nuova ragazza*
*La invitación* | *L'invitation* | The Invitation | *L'invito* | *Die Eindalung*
*Salida 8* | *Sortie no. 8* | Exit 8
*Raíces*
*Chuchotenango* | *La terre des chiens errants* | *La vita dei cani* | <u>Dogland</u>
*Pesas* | *Poids et haltères* | <u>Weights and Dumbbells</u> | *Pesi*
*Moda personal* | *Style personnel*
*LUIS, un soñador* | *Le rêve de Luis* | <u>Luis, the DREAMer</u>

*El jersey* | The Jersey | *Le Maillot*
*La mochila* | The Backpack | *Le sac à dos*
*Moviendo montañas* | *Déplacer les montagnes* | Moving Mountains | *Spostando montagne*
*La vida es complicada* | *La vie est compliquée* | Life is Complicated
*El verano de las oportunidades* | Summer of Opportunities
*Clic o no clic: la decisión final* | *Cliquer ou ne pas cliquer : la décision finale*
*Campos de cambio*
*El Mundial* | *La Coupe du Monde* | The World Cup | *Die Weltmeisterschaft in Katar 2022* | *La Coppa del Mondo*
*Quince* | Fifteen | *Douze ans*
*El viaje difícil* | *Un voyage difficile* | A Difficult Journey
*La niñera* | The Nanny
*¡¿Fútbol...americano?!* | *Football...américain ?!* | Soccer->Football??!!
*Era una chica nueva* | *La nouvelle fille est arrivée*
*Levantando pesas: un cuento en el pasado*
*La vida era complicada*
*Se movieron las montañas*
*Fue un viaje difícil* | *C'était un voyage difficile*
*¿Qué pasó con el jersey?* | *Qu'est-il arrivé au maillot ?*
*Cuando se perdió la mochila*
*Con (un poco de) ayuda de mis amigos* | With (a little) Help from My Friends | *Un petit coup de main amical* | *Con (un po') d'aiuto dai miei amici*
*La última prueba* | The Last Test
*Los tres amigos* | Three Friends | *Drei Freunde* | *Les trois amis*
*La evolución musical*
*María María: un cuento de un huracán* | María María: A Story of a Storm | *Maria Maria: un histoire d'un orage*
*Debido a la tormenta* | Because of the Storm
*La lucha de la vida* | The Fight of His Life
*Secretos* | *Secrets (French)* | Secrets Undisclosed (English)

*Como vuela la pelota*
*Cambios* | *Changements* | <u>Changes</u>
*De la oscuridad a la luz* | <u>From Darkness into Light</u> |
*Dal buio alla luce* | *De la obscurité à la lumière* | *Aus
der Dunkelheit ins Licht*
*El pueblo* | <u>The Town</u> | *Le village*

 @<u>jendegenhardt9</u>

@PuentesLanguage
World LanguageTeaching Stories (Facebook group)

Visit <u>www.puenteslanguage.com</u> to sign up to receive
information on new releases and other events.

Check out all titles as ebooks with audio on
<u>www.digilangua.co.</u>

# ABOUT THE EDITOR

Ana Andrés is a proofreader of style and orthotypography of Spanish texts. With a PhD in Hispanic Philology, she specializes in correcting readings for students of Spanish as a second language, literary texts, educational materials and academic texts in the humanities. For Ana, correcting a text means respecting the style and intention of the author, taking care of the details so that the text is expressed naturally, clearly and precisely, the way the author wants to convey it to the reader.

# ABOUT THE ILLUSTRATOR

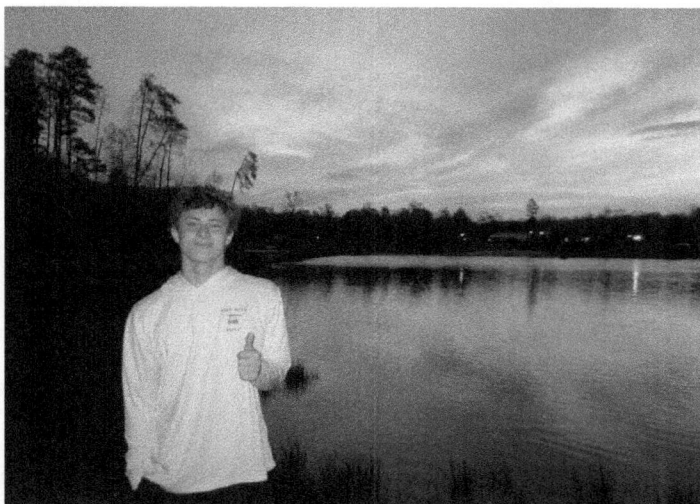

Eli Delac is a 16-year-old from Northern Virginia with a passion for illustration and art. Eli enjoys drawing, spending time with family and friends, and exercising. His passion for art drives him to pursue a career as a professional comic book artist after high school.